みさえの 愛情たっぷり 手ぬき レシピ

野原みさえ・著

JN005820

contents

·· はじめに ··

● 料理の材料は、基本的に2人分です。
● 材料に出てくる大さじは15ml、小さじは5ml、1カップは200mlです。

⚠ **電子レンジで料理するときに注意すること**

● 加熱時間は500Wの場合の目安です。400Wなら1.2倍、600Wなら0.8倍にして加熱してください。
● 機種によっては出来上がりが異なることがあります。その際は材料の分量や加熱時間を調整してください。

⚠ **炊飯器で料理するときに注意すること**

● 機種によっては、水分がなくなることで「炊きあがり」と認識するタイプもあるので、普通炊きの場合は30〜40分を目安に出来上がりを確認してください。ご飯を炊く以外は、途中で開けても問題ありません。
● 容量・機種によっては出来上がりが異なることがあります。その際は材料の分量や加熱時間を調整してください。
● 煮汁が多い料理の場合は、汁があふれてショートするおそれがあります。煮汁は必ず炊飯器の最大目盛り以下になるようにしてください。

···

時短で
おいしいなんて
最高!!

なんちゃってレシピ編

簡単・手ぬきで、本格的に見せちゃうゾ!

モミモミート♥ローフ

ポテトチップスを使って味付け簡単なミートローフ。
モミモ〜ミしたら器につめて、オーブントースターで焼・く・だ・け♥

材料

サラダ油…少々

Ⓐ
合いびき肉…200g
塩味のポテトチップス
（細かく砕く）…50g
タマネギ（みじん切り）…1/4 個
タマゴ（溶いておく）…1 個
ピザ用チーズ…50g
塩…小さじ 1/3
こしょう…適量

Ⓑ
粉チーズ…大さじ 1,1/2
塩味のポテトチップス
（細かく砕く）…30g

作り方

1 ボウルにⒶを入れ、粘りが出るまでよく混ぜる。

2 耐熱容器に薄く油をぬり、厚みが均一になるように❶を敷き詰める。

3 Ⓑをふりかけたら手で軽くおさえ、オーブントースターで10 分ほど焼いて出来上がり。

〜 みさえメモ 〜

4 〜 5 分焼いて焼き色をつけたら、アルミホイルをかぶせて焼くのが上手に仕上げるコツ！

7

モ～スピード
ビーフシチュー

薄切り肉と冷凍野菜ミックスを使ったスピードクッキング！
グータラ母ちゃんにはもってこいだゾ！

材　料

牛モモ薄切り肉
（一口大に切る）…200g
タマネギ（くし型切り）…1/2 個
ニンニク（薄切り）…1 片
冷凍野菜ミックス…1/2 袋（100g）
バター…大さじ 1
赤ワイン…1/4 カップ
塩・こしょう…各少々

Ⓐ
スープ（チキンコンソメ）…1 カップ
ローリエ…1 枚
デミグラスソース缶…1 缶（290g）

Ⓑ
塩・こしょう…少々
しょうゆ…小さじ 1

作り方

1 鍋にバターを溶かしてタマネギとニンニクを炒め、次に塩・こしょうをふった牛肉を加えて炒める。

2 牛肉の表面の色が変わったら、赤ワインを注いでひと煮立ちさせる。Ⓐを加えてよく混ぜる。

3 ❷が煮立ったら冷凍野菜ミックスを入れ、中〜弱火でしばらく煮込む。野菜がやわらかくなったら、Ⓑで味を調えて出来上がり。

〜みさえメモ〜

スープとデミグラスソースを同時に入れることで、肉と野菜にしっかりと風味をつけることができるのよ。

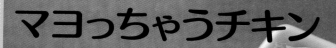

マヨっちゃうチキン

鶏肉とマヨネーズの相性はバツグン！
おかずにするか、おつまみにするか、う〜んマヨっちゃう。

材料

鶏モモ肉（大きめの一口大）…中1枚
長ネギ（小口切り）…1本
塩・こしょう…少々
サラダ油…少々
酒…大さじ1
マヨネーズ…大さじ1/2

作り方

1. 鶏モモ肉は余分な脂を取り除き、塩・こしょうをする。フライパンに油をひき、皮目を下にして強火で焼く。

2. 両面に焼き色がついたら酒をふってフタをし、弱火にして3〜4分焼き、中まで火を通す。

3. 火を止めて余分な油はふき取り、マヨネーズを入れて混ぜ合わせる。器に盛ったらネギをちらして出来上がり。

━ みさえメモ ━

大人向けには、マヨネーズ＋豆板醤小さじ1/2を加えるとGood。
おつまみにする時は、ぜひ試してみてね！

納っトン★カリー

ルウを溶かしてから入れる、早技カレー！
ひき肉のうまみが納豆にしみこんでルゥ〜。おネギも合ゥ〜。

材料

豚ひき肉…150g
納豆（添付のタレを混ぜる）…2パック
長ネギ（3cmに切る）…細1本
ご飯…2人分
市販のカレールウ…2皿分
熱湯…1カップ
サラダ油…少々

作り方

1. 熱湯にルウを入れ2～3分おいたら、菜箸で溶けきるまで混ぜ合わせる。フライパンに油をひき、ひき肉を入れて炒める。

2. 納豆を加えて肉の脂を吸わせるようにして炒めたら、長ネギを加え、さっと炒める。

3. ①のルウを注ぎ入れ、煮立ったらときどき混ぜながら2～3分煮込む。器に盛ったご飯にかけて出来上がり。

 みさえメモ

 しんのすけも大好きな納豆とカレーは、相性バッチリ☆
オクラを入れると、ねばねば～がさらにアップで美味しいよ！

シーフードの
珍コンカン

シーフードミックスを使ったお手軽チリコンカン。
ヘルシー！ スパイシー！ マメマメシー！

材　料

冷凍シーフードミックス…200g
ミックスビーンズ
（汁をきる）…1/2パック
ホールトマト缶…1/2缶（200g）
タマネギ…1/2個
白ワイン（なければ酒）…大さじ1
塩・こしょう…少々

Ⓐ
ニンニク（薄切り）…1片
赤トウガラシ（輪切り）…1本
オリーブオイル…小さじ2

作り方

1. フライパンにⒶを入れ、弱火にかける。ニンニクの香りが立ったら中火にし、タマネギを加えて透き通るまで炒める。

2. ❶にホールトマトを缶汁ごと入れ、白ワインと塩少々を加える。木べらでトマトを軽くつぶしてひと混ぜし、10分煮込む。

3. 凍ったままのシーフードミックス、ミックスビーンズを加える。3分ほど煮たら塩・こしょうで味を調えて出来上がり。

─ みさえメモ ─

シーフードミックスは火を通しすぎると固くなるから、最後に加えるのがコツ。煮ながら解凍するから、ちょいエコね！

トロビア〜ン♥

マグロ＋マヨネーズ＝まるでトロ⁉
シャキシャキとトロトロの素敵な出会い♥

材 料

レタス（一口大にちぎる）…2枚
しょうゆ…大さじ1〜2

Ⓐ
マグロ（ネギトロ用）…200g
長イモ（1cm角に切る）…150g
長ネギ（小口切り）…1/2本

Ⓑ
マヨネーズ…大さじ3
しょうゆ…大さじ1
レモン汁…少々

 ## 作り方

1. レタスを水につけておく。

2. ボウルに**Ⓑ**を入れてよく混ぜ合わせ、**Ⓐ**を加えてさらに混ぜる。

3. 水気をきったレタスを器に盛って、**2**をのせる。しょうゆをまわしかけたら出来上がり。

──── みさえメモ ────

サラダ感覚のお料理だけど、海苔で巻いたらおつまみに！
ご飯にのせれば『トロピア〜ン丼』よ！

お刺身
揚げちゃっタツタ

**お刺身の残りや、母ちゃんの大好きなタイムセール品を使った
タツタ揚げ。香ばしくてサックサク…んまぁ〜い♥**

🫗 材 料

刺身（マグロやカツオ等）…10切れ
片栗粉…適量
揚げ油…適量

Ⓐ
ショウガ（すりおろす）…1/2片
酒…大さじ1/2
しょうゆ…大さじ2

くんくん あ〜…

残りものの
ニオイがする

するどいわね
あんた…

⏱ 作り方

1 ボウルにⒶを入れて混ぜ、刺身を10分ほど漬けておく。

2 ❶の刺身の汁気をきって、片栗粉をまぶす。

3 170度に熱した揚げ油に❷を入れ、表面がカリッとして
濃いキツネ色になるまで揚げる。油をきって器に盛る。

みさえメモ

お刺身が残ったら、とりあえず漬けておくこと！
一晩おくとさらに味がしみて、美味しいの。

イタラリアン・パッツア

タラの切り身を使った簡単アクア・パッツア風。
食卓が華やぐオッシャレ～な一品☆

材料

タラの切り身…2 切れ
アサリ（砂抜きする）…100g
プチトマト（ヘタを取る）…1/2 パック
塩・こしょう…少々

A
ニンニク（みじん切り）…1 片
オリーブ油…大さじ 2

B
白ワイン…50cc
水…50cc

いただきまぁ～す!!

作り方

1. フライパンに**A**を入れて弱火で熱し、ニンニクの香りが立ってきたら皮を下にしてタラを入れ、両面を焼く。

2. ①にアサリ、プチトマト、**B**を加えてフタをし、中火で煮る。

3. ふつふつしたら弱火にし、さらに 10 分ほど煮込む。塩・こしょうで味を調え、器に盛る。

みさえメモ

魚を一匹使うとウロコや内臓を取ったりと下準備が大変だけど、切り身ならそのまま使えて楽チン！ これは目からウロコ～！

お尻ぶりぶり大根

体も心もあったま〜るブリ大根。
ピーラーで薄く削いだダイコンに味がしみて、ぶりぶりおいひほ〜！

材料

ダイコン
（ピーラーで拍子切りに削ぐ）…1/4 本
ブリのあら…400g
ショウガ（薄切り）…1 片

A
顆粒和風出汁…小さじ 1
酒…1/4 カップ
水…2 カップ

B
塩…少々
しょうゆ…小さじ 1

ダイコン
ぶ〜り
ぶ〜り
プリは
もともと
ぶ〜り
ぶ〜り
♪

作り方

1. ザルに入れたブリのあらに熱湯をまわしかける。まわりの色が白く変わったら手早く冷水に入れ、水洗いをして水気をきる。

2. 鍋に**A**とショウガを入れて強火にかけ、**①**のブリを入れる。煮立ったら中火にしてアクをとり、ダイコンを加える。

3. 15 分ほど煮込んだら**B**で味を調え、器に盛る。

〜みさえメモ〜

ブリのあらはそのまま使うと生臭いから、必ず下処理をすること。
ウロコや血は臭みのもとになるから洗い流してね！

23

ゴロゴロール
キャベツ

巻かないロールキャベツがゴロっと登場。
キャベツを丸ごと使っちゃう、ゴーカイ料理だゾ！

材 料

キャベツ（芯をくりぬく）…1 個
タマネギ（みじん切り）…1/2 個
トマト（輪切り）…1 個
塩・こしょう…少々

Ⓐ
合いびき肉…200g
ピザ用チーズ…100g
塩・こしょう…少々

Ⓑ
顆粒コンソメ…大さじ 1
水…4 カップ

道ぱたに
落ちた
『ロール
キャベツ』
ごっこ

車にひかれた
『ロール
キャベツ』に
なるぞ…

ごろん

作り方

1 ボウルに軽く炒めたタマネギとⒶを入れてこねる。

2 一枚ずつはがしたキャベツの 1/2 量を深めの鍋に敷き詰め、丸めた❶とトマトをのせる。残りのキャベツをかぶせて球状にする。

3 ❷にⒷを入れて 20 分ほど煮込んだら、塩・こしょうで味を調えて出来上がり。

- - - みさえメモ - - -

キャベツをタコ糸でしばると煮くずれないわよ。
おもてなし料理で出せば、ベタボメされること間違いなしね☆

いつのま煮かポトフ

大きめ具材を放り込んで、あとはお鍋にオ・マ・カ・セ！
30分煮込むだけだから、昼ドラ見てる間にできちゃうゾ！

材　料

鶏手羽…300g
ニンニク（薄切り）…1 片
オリーブ油…大さじ 1/2
塩・こしょう…少々

Ⓐ
ジャガイモ（半分に切る）…2 個
タマネギ（4 等分に切る）…1 個
セロリ
（葉と筋を取る・一口大に切る）…1 本
ニンジン（一口大に切る）…1 本

Ⓑ
顆粒コンソメ…大さじ 1
ローリエ…1 枚
水…3 カップ

作り方

1 オリーブ油をひいた鍋にニンニクを入れ、香りが立つまで中火で炒める。塩・こしょうをふった鶏手羽を加え、表面に焼き色をつける。

2 Ⓐを加えて炒め合わせ、全体に油が回ったらⒷを入れる。

3 煮立ったらアクをとって弱火にし、フタをして 30 分煮込む。塩・こしょうで味を調えて出来上がり。

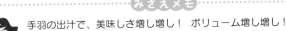
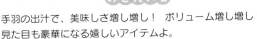

みさえメモ

手羽の出汁で、美味しさ増し増し！　ボリューム増し増し！
見た目も豪華になる嬉しいアイテムよ。

はるまキッシュ

パイ生地じゃなく、春巻の皮を使ったお手軽キッシュ。
パリパリした食感と紫タマネギの色がアクセント♥

🧂 材 料

紫タマネギ（薄切り）…1/4 個
ベーコン（1cm 幅に切る）…60g
春巻の皮（正方形のもの）…3 枚
ピザ用チーズ…50g
バター…適量

Ⓐ
タマゴ…2 個
生クリーム…80ml
塩・こしょう…少々

⏱ 作り方

1 耐熱皿にバターを入れ、電子レンジで 30 秒加熱して溶かし、春巻の皮の片面にぬる。バターをぬった面を下にして、ずらしながら型に敷く。

2 ❶の型にベーコンと、チーズの 1/2 量を入れ、混ぜ合わせたⒶを流し入れる。

3 上から残りのチーズとタマネギをちらし、180 度のオーブンで約 25 ～ 30 分ほど焼く。焼き色がついたら出来上がり。

 みさえメモ

 今回の分量は直径 16cm のタルト型 1 個分。
春巻の皮はすきまができないように、しっかり敷き詰めてね！

Yo! Fu!
イカしたイカ飯

冷凍ピラフを詰めた、見た目もイカす洋風イカ飯。
Yo! Fu! イカすぜ、母ちゃん！

 材　料

冷凍エビピラフ…250g
スルメイカ…2杯

A
水…3カップ
顆粒コンソメ…小さじ2

作り方

1 イカはよく水洗いし、軟骨と内臓を取り出す。

2 ❶の腹にピラフを詰め、端を楊枝でとめる。

3 鍋に**A**を入れ、煮立ったら❷を入れ10分煮込む。火を止め、ある程度冷ましてから輪切りにし、器に盛る。

　イカの皮を剥ぐ場合は、エンペラのほうからペーパータオルで剥いでいくとキレイにいくわよ☆

カラフル
野原畑ドリア

お花畑のような色鮮やかなドリア。
カラフルフル〜♪　ビューティフルフル〜♪

材料

サラダエビ…100g
カルボナーラソース…1/2缶
バター…適量
とろけるチーズ…適量
サラダ油…適量

Ⓐ
ご飯…250g
ミートソース缶…1/2缶

Ⓑ
ゆで卵（輪切り）…1個
赤・黄パプリカ
（菓子用抜き型等で抜く）…各1/2個
ブロッコリー
（一口大に切る・塩ゆでする）…50g

作り方

1 エビはさっと湯通しし、水気をきっておく。

2 油をひいたフライパンでⒶを炒め、バターをぬった耐熱皿に移す。

3 ②にカルボナーラソースをかけ、❶とⒷを彩りよく並べチーズを散らす。220度のオーブンで10分ほど焼いて出来上がり。

──────── みさえメモ ────────

子どもたちにも野菜の型抜きやトッピングを手伝ってもらって、
レッツ楽しいクッキング♪

麺くい❤ラザニア

きしめんを使ったラザニアは惚れ惚れしちゃうお味❤
オラもひまわりも麺くいなのだっ！

材　料

ゆできしめん…1/2 玉
ミートソース缶…1/2 缶
トマト（輪切り）…1 個
ピザ用チーズ…適量
バター…適量

作り方

1. きしめんは軽く水洗いしてほぐし、ザルにあげて水気をきる。

2. バターをぬった耐熱皿に❶を入れ、ミートソースをかけて、チーズとトマトをのせる。

3. 180 度のオーブンで約 8 分ほど焼いて出来上がり。

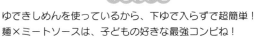

ゆできしめんを使っているから、下ゆで入らずで超簡単！
麺×ミートソースは、子どもの好きな最強コンビね！

これっポッキリ★
パエリア

ポッキリ折ったパスタを使う、カレー味の簡単パスタパエリア。
インド人もスペイン人もびっくりだゾ!

材料

スパゲティ（4 等分に折る）…150g(1.8mm)
鶏モモ肉（一口大に切る）…100g
塩・こしょう…少々
オリーブ油…大さじ 1
ドライパセリ…適量

A
トマトジュース…100cc
オリーブ油…大さじ 1
塩…小さじ 1/2
水…1,1/2 カップ

B
殻付きエビ（背わたを取る）…6 尾
赤パプリカ（2cm 四方に切る）…1/2 個
トマトジュース…100cc
カレー粉…大さじ 1/2

作り方

1. フライパンに**A**を入れて混ぜ合わせ、煮立ったらスパゲティと塩・こしょうをふった鶏肉を入れる。

2. 再び煮立ったら弱火にし、フタをして 5 分ほど煮たらスパゲティを軽くほぐす。**B**を加え、木べらで全体を混ぜながら 6 ～ 7 分煮る。

3. 汁けが少なくなったら強火で煮汁をとばし、1 ～ 2 分焼く。オリーブ油をまわし入れて 1 分ほど焼く。器に移し、パセリをふって出来上がり。

 みさえメモ

 エビの背わたは節と節の間に竹串を入れて取ってね。スパゲティは束にして真ん中を両手で握り、バットの上で折るといいわよ。

ふわふわシロパン

見た目もキュートな、ふわふわパン♥
ヨーグルトを使うから発酵いらずで、チョー簡単だワン！

材 料

お好みのフルーツ…適量
ホイップクリーム…適量

Ⓐ

強力粉…250g
ベーキングパウダー…6g
砂糖…40g
塩…小さじ 1/4

Ⓑ

無糖ヨーグルト…150g
サラダ油…大さじ 2

作り方

1 ボウルにⒶを入れ、泡立て器で混ぜる。

2 ❶にⒷを加えて粉全体になじませ、生地がそぼろ状になってきたら手のひらで生地が手につかなくなるまでこねる。

3 ❷を 6 等分して丸め、170 度に温めたオーブンで 30 分ほど焼く。あら熱が取れたら切れ目を入れ、クリームやフルーツをはさんで出来上がり。

 みさえメモ

 発酵させないのに柔らかい食感になるのは、ヨーグルトのお・か・げ！ プレーンで無糖のものを使ってね。

ひとくッチーズ
ケーキ♥

クリームチーズに砂糖を混ぜるだけで、まるでレアチーズケーキ♥
オラの母ちゃんがパティシエに!?

材 料

クリームチーズ…100g
コーンフレーク（軽く砕く）…20g
ブルーベリージャム…小さじ 4
砂糖…20g

パティシエ
ペテンシエ
セッシボ〜ン

作り方

1. クリームチーズはボウルに入れて室温に戻し、やわらかくなったら、砂糖を加えて混ぜる。

2. まな板の上にラップをしき、真ん中にチーズを 1/4 量広げ、ジャム 1/4 量を中心にのせ、丸く包む。

3. 冷蔵庫で 15 分ほど冷やしたらラップをはずし、コーンフレークを全体にまぶしつける。同様に合計 4 個作って出来上がり。

みさえメモ

ジャムはイチゴやラズベリーでも、よく合うわよ！
見た目がかわいいから、子どもたちも大喜びね！

おパンプ・キン・トン

カボチャを使ったキントンは優しい甘さ！
ハロウィンやお正月にもピッタンコのおつやだゾ♥

材料

冷凍カボチャ…150g
バター…大さじ1
アルミカップ…4個

Ⓐ
砂糖…小さじ1
生クリーム…大さじ1

おっと　オラの
ハラどけいは
もう3時
ウチ帰って
おつや食べよ

待たれよ
おぬし！
おパンツくらい
はきませい！

作り方

1 耐熱皿にカボチャを入れ、レンジで解凍する。皮がついている場合は取り除く。

2 バターを入れたボウルに**❶**を加えてフォークの背でつぶし、**Ⓐ**を加えて混ぜ合わせる。4等分に丸め、アルミカップに入れる。

3 オーブントースターで8分ほど焼き、焼き色がついたら出来上がり。

生クリームはコーヒー用のクリームでも代用できるわよ！
カボチャの甘さによって、砂糖の量を加減してね。

しんのすけの『オラ弁!』

煮コンプ

p.125参照
（キューリップと同様）

スライスチーズ
（白目も同様）

カリカリウメ

・・・・・・・・**お弁当メモ**・・・・・

輪郭、髪の毛、眉毛、黒目、口は型紙に沿って切り抜いてね！
白目は型紙と同径のストロー等でくり抜くと、キレイに仕上
がるよ。
チーズは溶けやすいので、冷ましたご飯の上に乗せること！

手ぬき、手ぬき
言うなー♪

炊飯器レシピ編

ごはんもおかずも、スイッチ・オンで楽々ッ！

缶たん
トマトで煮込むんジャー

ウインナーと野菜がたっぷり入った、具だくさんスープ。
これならオラも、苦手なピーマンだって食べられちゃうゾ!

材　料

ホールトマト缶…1缶（400g）

Ⓐ
ウインナー…12本
大豆の水煮缶…100g
タマネギ（薄切り）…1/2個
ピーマン（1cmの角切り）…1個
ナス（一口大に切る）…2本

Ⓑ
ニンニク（みじん切り）…1片
赤トウガラシ（輪切り）…1本
白ワイン…大さじ2
顆粒コンソメ…小さじ1
水…1/2カップ
塩・こしょう…少々

参上！ トマトで煮込もんジャー
完熟レッドみさえよ！

どっちかって
ゆーと
熟れすぎだゾ…

ジャーン

作り方

1 炊飯器に、Ⓐとホールトマトを缶汁ごと入れる。

2 ❶にⒷを加え、普通炊きのスイッチを入れる。

3 炊きあがったら、塩・こしょうで味を調え、器に盛る。

みさえメモ

野菜はニンジン、ジャガイモ、何でもOK。
冷蔵庫整理もかねて、ほかほかスープを作っちゃおう！

妖怪
三段豚腹煮

手のかかる角煮も、炊飯器を使えばラックラク！
ちなみに、オラの母ちゃんは妖怪三段腹！！

🫖 材　料

ウズラの水煮（汁をきる）…8個

Ⓐ
豚バラブロック…350g
ショウガ（薄切り）…1片
長ネギ（5cm位に切る）…1本
水…肉にかぶるくらい

Ⓑ
ショウガ（薄切り）…1片
しょうゆ…大さじ5
砂糖…大さじ3
酒…大さじ3
水…2,1/3カップ

⏱ 作り方

1 炊飯器にⒶを入れ、アクとりシートをかぶせて、普通炊きのスイッチを入れる。

2 炊きあがったらスイッチを切り、アクとりシートとゆで汁を捨てる。Ⓑを加え、再び普通炊きのスイッチを入れる。

3 再び炊きあがったら保温に切り替え、ウズラの水煮を入れる。30～40分温めたらスイッチを切り、あら熱がとれたら出来上がり。

- - - - - - - みさえメモ - - - - - - -

アクとりシートがないときは、コーヒーペーパーを広げたもので代用できるわよ！

サンマ うめーな！

魚の生臭さが消えちゃう、サンマのウメ干し煮だゾ。
骨までやわらかく煮えて、すっぱうめー!!

材　料

サンマ（頭と内臓を取る）…中 2 尾
ウメ干し…中 4 個

Ⓐ
水…1 カップ
酒…1/2 カップ
しょうゆ…大さじ 3
酢…小さじ 1/2
砂糖…大さじ 3

作り方

1 炊飯器にサンマを並べてⒶを加え、空いたスペースにウメ干しを置く。

2 普通炊きのスイッチを入れる。

3 炊きあがったら、器に盛る。

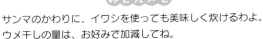

サンマのかわりに、イワシを使っても美味しく炊けるわよ。
ウメ干しの量は、お好みで加減してね。

海の幸
炊いチャウダー

魚介のうまみたっぷりのクラムチャウダーは、お店で食べるお味。
休日のオシャレなブランチにもピッタリダー！

🥛 材 料

冷凍シーフードミックス…150g
白ワイン…1/2 カップ
こしょう…少々

Ⓐ
ベーコン（1cm の角切り）…1 枚
タマネギ（1cm の角切り）…1/2 個
ニンジン（1cm の角切り）…1/2 本
ジャガイモ（1cm の角切り）…1 個
水…2 カップ
塩…1/2＋少々

Ⓑ
生クリーム…1 カップ
小麦粉…小さじ 1

この料理はオラが作る！

なぜならオラは海の男だから

⏱ 作り方

1. 白ワインでシーフードミックスを煮て、アクをとったら火を止め煮汁をこす。具はザルに上げて置く。

2. 炊飯器に❶の煮汁と**Ⓐ**を入れ、普通炊きのスイッチを入れる。

3. 炊きあがりの 2 〜 3 分前に❶のシーフードミックスと**Ⓑ**を溶かしながら入れ、炊きあがったら、塩・こしょうで味を調えて器によそう。

····· みさえメモ ·····

煮汁を取るのが手間だけど、それさえ終わればこっちのもの！
準備が出来たら、炊いチャウダー！

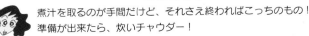

根パ煮ON!

お鍋で作るより簡単な、ほっこりおいしい根菜煮物。
あぁ〜ん、オラはおねいさんにたかれたぁ〜い♥

材料

レンコン
（一口大の乱切り・アクを抜く）…100g
ゴボウ
（一口大の乱切り・アクを抜く）…1/3
本
ニンジン（一口大の乱切り）…1/2 本
シイタケ
（石づきを取る・半分に切る）…2 個
アク抜きコンニャク
（一口大にちぎる）…1/2 枚
冷凍サトイモ…4 個
鶏モモ肉（一口大に切る）…200g
出汁…2 カップ
しょうゆ…大さじ 2
酒…大さじ 2
砂糖…大さじ 2

作り方

1. 炊飯器に全ての材料を入れ、普通炊きのスイッチを入れる。

2. 20 分後に、一度全体を上下に混ぜ返す。

3. 再びフタをし、炊きあがったら全体をざっくり混ぜて、器に盛る。

みさえメモ

今回はサトイモだけ冷凍のものを使ったけど、面倒なときは冷凍根菜ミックスを使っちゃってもいいわね！

こっくり大根足

母ちゃんの足みたいな大根と、スペアリブの煮物だゾ！
こっくりふっくら、おいしく炊いてね。

材料

豚スペアリブ…400g
長ネギ（斜め切り）…1/4 本
ショウガ（薄切り）…1 片
油…少々

Ⓐ
ダイコン
（半月切り）…1/4 本
砂糖…大さじ 2
酒…大さじ 2
しょうゆ…大さじ 3
水…1/2 カップ

作り方

1 フライパンに油をひき、スペアリブの両面を焼く。焼き色が付いたら取り出し、残りの油でネギとショウガを炒め、香りを出す。

2 炊飯器に❶とⒶを入れ、普通炊きのスイッチを入れる。

3 途中で一度、全体を上下に混ぜ返す。炊きあがったら全体をざっくり混ぜて、器に盛る。

みさえメモ

小さな子がいなければ、❷の時に赤トウガラシを 1 本加えてみてね！
ピリ辛具合が良い感じよ。

ケッコーなピラフ

ケッコー！ ケッコー！ コケッコー！
具だくさんピラフはボリューム満点、大満点！

材　料

米（といでおく）…2 合
タマネギ（みじん切り）…1 個
ホールトマト缶
（身はつぶす・汁と分ける）…220g
マッシュルームの水煮
（汁をきる）…1 パック
顆粒コンソメ…小さじ 1
塩…小さじ 1/3
バター…大さじ 1/2
パセリ…少々

鶏モモ肉
（一口大に切る・Ⓐをまぶす）
…1 枚

Ⓐ
カレー粉…小さじ 2
こしょう…少々

作り方

1 炊飯器に米とホールトマトの缶汁を入れ、内釜の 2 合の線より少し少なく水を入れる。

2 タマネギ、マッシュルーム、ホールトマトの身、鶏肉、コンソメ、塩を加えて普通炊きのスイッチを入れる。

3 炊きあがったらバターを混ぜ、しばらく蒸らして水気を飛ばす。器に盛ったらパセリを散らして出来上がり。

── みさえメモ ──

 ベチャッとしないよう、水分量には気をつけて！
バターは混ぜ合わせながら溶かすと、全体の香りがよくなるわよ。

おこわっ中華
なんちゅうか…

お米とおかきを一緒に炊くだけで、中華おこわの出来上がり♪
モッチモチの食感が、ほんかくてきーっ！

🥛 材 料

米（といでおく）…2合
おかき
（大きいもの・固いものは砕く）…100g
チャーシュー（1cmの角切り）…100g
山菜水煮…80g
顆粒和風出汁…小さじ1
酒…大さじ1
ゴマ油…小さじ1
水…2カップ弱

シン・チャン!!
わたしに
あの
中華おこわの
秘伝レシピを
教えてちょうだい!!

あ…あれは…
おこわっちゅうか
なんちゅうか…

⏱ 作り方

1 炊飯器に全ての材料を入れて軽く混ぜ合わせ、1時間ほど水を吸わせる。

2 普通炊きのスイッチを入れる。

3 炊きあがったら全体を混ぜ合わせる。しばらく蒸らして水気を飛ばし、器に盛る。

- - - - ▶ みさえメモ ◀ - - - -

おかきは、原料に「もち米」と記載されているものを選ぶこと！
味が薄いときは、しょうゆ等で味を調えてね。

タコも喜コンブ飯♥

海の香りに、ほのかなショウガ風味を乗せた炊き込みご飯。
タコ×塩昆布の旨味たっぷりで、オラも喜コンブ〜♥

材　料

米（といでおく）…2合
ゆでタコの足
（薄めのそぎ切り）…150g
ショウガ（千切り）…1/2片
じゃこ…20g
塩昆布…大さじ5
酒…大さじ1
水…1,1/2カップ

> パラララッパッパ〜ン
> オラの発明
> タコもウキウキ気球〜!!

作り方

1. 炊飯器に全ての材料を入れ、軽く混ぜ合わせる。

2. 普通炊きのスイッチを入れる。

3. 炊きあがったら全体を混ぜ合わせ、器に盛る。

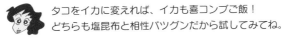

みさえメモ

タコをイカに変えれば、イカも喜コンブご飯！
どちらも塩昆布と相性バツグンだから試してみてね。

バナれ技ケーキ

おつやにピッタリの、もっちりしっとりバナナケーキ。
オラのゾウさんも大興奮ッッ！

📋 材　料

バナナ
（1本はつぶす・2本は角切り）
…中3本

Ⓐ
ホットケーキミックス…100g
タマゴ（溶いておく）…大1個
バター（溶かす）…大さじ1
牛乳…1/4カップ

⏱ 作り方

1 Ⓐとつぶしたバナナを混ぜ合わせ、最後に角切りバナナを加えてさっくり混ぜる。

2 炊飯器に流し込んで、普通炊きのスイッチを入れる。

3 炊きあがったら竹串を刺し、生地がついてこなければ出来上がり。

・・・・・・ みさえメモ ・・・・・・

蒸しケーキのように仕上がるから、オーブンで表面を少し焼いても美味しいよ！

チョコブラ・ジャー

手土産にもピッタリのチョコブラウニーは、難しいこと一切ナシ♥
材料も少ない、嬉シピだゾ〜！

材　料

板チョコ（溶かす）…3枚
タマゴ
（卵黄と卵白に分ける・
卵白でメレンゲを作る）…4個

今日は　おいしい
チョコプラ・ジャーの
作り方を
おしえてあげよう‼

だからって
プラジャーかぶんな‼
エプロンしろ‼

作り方

1　卵黄は溶き、チョコレートと少しずつ混ぜ合わせる。次に
　　メレンゲを加えて軽く混ぜる。

2　炊飯器に流し込んで、普通炊きのスイッチを入れる。

3　炊きあがったら竹串を刺し、生地がついてこなければ出来
　　上がり。

みさえメモ

タマゴは全卵のまま作っても大丈夫。
甘さを抑えたいときは、ビターチョコレートを使ってね。

ひまわりの 『伊達なランチBOX』

伊達巻き

p.124 参照

スライスチーズ
（白目も同様）

金時マメ

煮コンブ

お弁当メモ

 輪郭、黒目は型紙に沿って切り抜き、白目は型紙と同径のストロー等でくり抜いてね。細い線を切り抜くのは難しいけど、チャレンジしてみて★

チーズは溶けやすいので、冷ましたご飯の上に乗せること！

68

わたしのは～？

電子レンジレシピ編

手早く簡単に調理したい時の、強～い味方！

蒸し蒸し☆ポン☆チキ

レンジで、ふっくら蒸し鶏ができちゃうゾ！
ゴマだれポン酢がゼツミョ〜なのだ！

📠 材 料

鶏モモ肉…1枚（200g）
レタス
（食べやすい大きさにちぎる）…3枚
プチトマト…1/2パック

Ⓐ
塩・こしょう…少々
酒…大さじ1

Ⓑ
ポン酢…大さじ2
ゴマドレッシング…大さじ3
ゴマ油…少々

⏱ 作り方

1 **Ⓐ**をふった鶏肉を耐熱皿にのせ、ふんわりとラップをかけて、レンジで5～6分加熱する。

2 あら熱がとれたら、薄めのそぎ切りにする

3 器にレタスと**2**を盛り、プチトマトを添えて、混ぜ合わせた**Ⓑ**をかけたら出来上がり。

みさえメモ

レンジで蒸し料理をするときは、ふんわりとラップをかけるのがコツよん☆

ウッシッシな
カラフルロール

お弁当のおかずにもピッタリの簡単牛肉ロール。
モリモリ食べるゾ！　ウッシッシ～！

材 料

牛モモ薄切り…8 枚（200g）

Ⓐ
ニンジン（千切り）…1/3 本
冷凍インゲン…12 本

Ⓑ
しょうゆ…大さじ 2
砂糖…大さじ 1
みりん…小さじ 1

九州の実家から
牛肉が送られて
きたの♥

い〜い
実家だなァ♥

もし
実家コンテストがあったら
絶対優勝だね

作り方

1. 牛肉 2 枚を端が少し重なるように縦に広げ、Ⓐの 1/4 量をのせ、野菜をしんにして巻く。同様に合計 4 本作る。

2. 耐熱皿に巻き終わりを下にして間隔をあけて並べ、混ぜ合わせたⒷをかける。

3. ふんわりとラップをかけ、レンジで 7 分ほど加熱する。食べやすい大きさに切り器に盛る。

みさえメモ

タレはポン酢に代えてもサッパリ美味しい！
その場合は、食べる直前にかけるといいわよ☆

枝豆ヘルシューマイ

包む手間なし、蒸す手間なしのヘルシーシューマイ。
コーロコロ転がして作っチャイナ！

🥛 材　料

豚ひき肉…150g
冷凍枝豆
（サヤから出す・みじん切り）…80g
タマネギ（みじん切り）…1/8 個
シューマイの皮
（3mm 幅に切る）…15 枚
塩…少々
片栗粉…小さじ 1/2

Ⓐ
しょうゆ…小さじ 1/2
砂糖…小さじ 1/2

⏱ 作り方

1 タマネギに塩をふり、しんなりしたら水気をしぼって片栗粉をまぶす。

2 ボウルに❶、ひき肉、枝豆、Ⓐを入れ、よく混ぜる。8 等分にして丸め、バットに広げたシューマイの皮を転がしながらつける。

3 ❷を水にくぐらせ、クッキングシシートを敷いた耐熱皿に並べる。ふんわりとラップをかけ、レンジで 6 分ほど加熱し出来上がり。

みさえメモ

耐熱皿に並べるときは、お皿の中心を空けるようにすると全体にムラなく火が通るわよ。

びっくり魚〜テン！中華蒸し

10 分あれば作れちゃう、魚介たっぷりの中華蒸しは
おいしくって、びっくりギョ〜テン！

材　料

冷凍シーフードミックス…150g
ナス（斜め切り）…1本
長ネギ（2cmに切る）…1/2本
塩…少々

Ⓐ
顆粒鶏ガラスープ…大さじ1/2
酒…大さじ1
ゴマ油…少々

作り方

1 ナスに塩をふり、軽くもむ。

2 耐熱皿にシーフードミックス、❶、ネギを入れ、混ぜ合わせたⒶをかける。

3 ふんわりとラップをかけて、レンジで7～8分ほど加熱し出来上がり。

──── みさえメモ ────

シーフードミックスの代わりに、タラ等の白身魚の切り身を使ってもいいわね！　淡泊なお味がよく合うの♪

サバ・ミソラシド♪

あのサバ味噌がレンジを使って作れちゃう!?
鼻歌を歌ってる間に完成だゾ♪

材料

サバ（4等分に切る）…半身1切れ
長ネギ（4等分に切る）…1/2本

Ⓐ
みそ…大さじ2
砂糖…大さじ1,1/2
酒…大さじ1

作り方

1. サバは皮を下にして、重ならないよう耐熱皿に並べる。

2. 混ぜ合わせたⒶをサバに塗る。ネギにもⒶをからめ、皿の空いているところに置く。

3. ふんわりとラップをかけ、レンジで7～8分ほど加熱し出来上がり。

・・・・・・ みさえメモ ・・・・・・

お皿に盛りつけたら、耐熱皿に残ったみそをかけるのを忘れずに！

ほっタラかし蒸し

とにかく簡単なタラの酒蒸しは、シメジの食感がアクセント！
和フゥ～なお味は、料亭フゥ～！

材 料

タラ（切り身）…2 切れ
シメジ（石づきを取る・小房に分ける）
…1 パック
ポン酢しょうゆ…大さじ 2

Ⓐ
酒…大さじ 1
塩…小さじ 1/3

ぐ゛ううぅ～っ

ほったらかし…？

作り方

1. タラに**Ⓐ**をふってしばらくおき、出てきた水分をふき取る。

2. 耐熱皿に❶とシメジを並べ、ふんわりとラップをかけてレンジで 4 分ほど加熱する。

3. ❷を器に盛ったら、ポン酢しょうゆをかけて出来上がり。

みさえメモ

シメジをマイタケやエノキダケに代えたり、子どもむけにバターを
少し加えてもいいわね♪

春日部
ゴボウ衛隊!!

食物繊維たっぷりのゴボウを使った甘辛煮。
お便秘気味の母ちゃんにはピッタリのレシピだゾ!

材 料

ゴボウ（細切り）…1/2 本
ニンジン（細切り）…1/2 本
鶏モモ肉（一口大に切る）…1 枚（200g）
塩…少々

Ⓐ
砂糖・しょうゆ…各大さじ 2
顆粒出汁…小さじ 1/3
酒…大さじ 1
サラダ油…小さじ 1

5人そろって
ゴボウ・衛・隊！

作り方

1 鶏肉に塩をふり、手でもみ込む。ゴボウとニンジンは水にさらした後、水気をきってⒶを混ぜ合わせておく。

2 耐熱皿に❶を入れて混ぜ合わせたら、ふんわりとラップをかけてレンジで 4 分ほど加熱し、一度取り出す。

3 上下をひっくり返すように混ぜたら再びラップをかけ、4 分加熱する。あら熱が取れたら出来上がり。

〜みさえメモ〜

途中で混ぜると味が均一にしみ込むの。
このひと手間を惜しまないのが、おいしくできるコツよ！

カニカマ道楽

たっぷり入ったカニカマが贅沢ゥ〜な豆腐蒸し。
枝豆の色がとってもキュート♥

材 料

木綿豆腐…1/2 丁
冷凍枝豆（サヤから出す）…25g
カニカマ（1/2 に切る・ほぐす）…
100g 出汁…1/4 カップ
塩・しょうゆ…各少々
片栗粉…小さじ 1

Ⓐ
片栗粉…大さじ 1
みりん…小さじ 1
塩…小さじ 1/3

作り方

1 豆腐は水気をきって細かくほぐし、カニカマ、Ⓐ、枝豆 1/2 量を加えて混ぜ合わせる。

2 小さい耐熱皿 2 個に❶を半分に分けて入れる。ふんわりと ラップをかけてレンジで 2 分 30 秒加熱し、器に盛る。

3 鍋に出汁を煮たて、塩・しょうゆで味を調えて、水溶き片 栗粉でとろみをつける。残りの枝豆を加え、温まったら❷ にかけ出来上がり。

 みさえメモ

 片栗粉は倍量の水で溶いてね。火を止めて温度が下がったところに 少しずつ回し入れるとダマになりにくいわよ。

ハイグレ
VVリゾット

レンジでチンするだけ簡単リゾット。
V型に並べたウインナーがハイグレみた～い♥♥

材 料

ご飯…2 人分
冷凍インゲン (2cm に切る)…10 本
粒コーン缶 (汁をきる)…1/2 カップ
プチトマト (ヘタを取る)…6 個
ウインナー（切り込みを入れる）…4 本

Ⓐ
牛乳…1/2 カップ
水…1,1/2 カップ
顆粒コンソメ…大さじ 1
粉チーズ…大さじ 4

作り方

1 耐熱皿にご飯、Ⓐを入れて混ぜ合わせ、インゲンとコーンをのせる。

2 ふんわりとラップをかけ、レンジで 5 分ほど加熱する。

3 一度取り出してプチトマトとウインナーをのせる。再びラップをかけて、2 分加熱し出来上がり。

みさえメモ

一度に加熱するとウインナーが固くなりすぎちゃうから、面倒でも
2 回に分けてね！

ナースの太モモうどん

蒸した鶏モモ肉＆ナスのゴマ和えうどん。
ふっくら柔らか♥　ん～…パラダイス～♥♥

材 料

冷凍うどん…2 玉
鶏モモ肉…1/2 枚（120g）
ナス（斜め切り）…2 本
長ネギ（小口切り）…2 本

A
酒…小さじ 2
塩…小さじ 1/3

B
麺つゆ
（希釈タイプ）…1/4 カップ
ゴマドレッシング…大さじ 2

おぉ!!
いい足してるゥ♥

スリスリ
してぇ♥

なに
見とれとんじゃ!!

くね

ゴクッ…

作り方

1 鶏肉は皮を下にして耐熱皿に入れて**A**をふり、ラップをかけてレンジで 2 分ほど加熱する。一度取り出して裏返し、さらに 1 分 30 秒加熱する。

2 ナスはさっと水にくぐらせて別の耐熱皿に並べ、ラップをかけて 1 分 30 秒加熱する。あら熱を取り、水気をしぼる。

3 食べやすい大きさに切った❶、❷、**B**をボウルに入れてあえる。ゆでて冷水で冷やしたうどんにのせ、ネギを散らして出来上がり。

みさえメモ

サラダ感覚で食べられちゃう太モモうどんは、具をよ～くからめていただいて♪

オラびもち

わらびもち作りにレンジでチャレンジ!!
和菓子好きな人もそうでない人も、お試しアレンジ!!

材料

A
わらびもち粉…60g
砂糖…大さじ 1,1/2
水…300ml

B
きな粉…大さじ 5
砂糖…大さじ 2
塩…少々

作り方

1 耐熱皿に**A**を入れて、よく混ぜ合わせる。ラップをして2分加熱する。一度取り出し木べら等でかき混ぜ、さらに2分加熱する。

2 混ぜる→2分加熱を2〜3回くりかえし、生地にダマがなく半透明になるまで混ぜる。

3 **2**が熱いうちに、水でぬらしたスプーンで一口大ずつくって冷水に落とす。冷めたらしっかり水気をきり、混ぜ合わせた**B**をまぶして出来上がり。

みさえメモ

和菓子が苦手な人は、きな粉の代わりにココアパウダー＋砂糖をまぶしてみて！　洋風オラびもちもイケるわよ♪

ストロベリー・グッドなムース♥

メレンゲを使ってないのに、あら不思議！
つぶして混ぜるだけで、ふんわりイチゴムースができちゃった！

材　料

イチゴ
（ヘタを取る・スライス）…2 個
（ヘタを取る・粗くつぶす）…80g

Ⓐ
プレーンマシュマロ…35g
練乳…大さじ 1,1/2
牛乳…50ml

 ## 作り方

1. 耐熱皿に**Ⓐ**を入れてかき混ぜ、ラップをかけずにレンジで1 分 30 秒加熱する。

2. ❶を泡立て器でなめらかになるまで混ぜたら、つぶしたイチゴを加えてさらに混ぜる。

3. 器に流し入れ、冷蔵庫で 30 分冷やし固める。残りのイチゴを飾って出来上がり。

 みさえメモ

 練乳は入れなくても大丈夫だけど、少し入れるとコクが出るの。
ホイップクリームを添えてもいいわね♥

チョコっと♥バナロア

チョコとバナナのババロア風スイーツ。
ゼラチンなしで固まるのは、熟したバナナのお・か・げ♥

材 料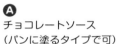

熟したバナナ（一口大に切る）…1,1/2 本
　　　　　（薄くスライスする）…1/2 本

Ⓐ
チョコレートソース
（パンに塗るタイプで可）
…大さじ 1
生クリーム…50cc
牛乳…25cc
砂糖…10g

作り方

1 バナナを耐熱ボウルに入れ、ふんわりとラップをかけてレンジで 2 分 30 秒ほど加熱する。

2 ❶と❹をフードプロセッサーに入れ、なめらかになるまで混ぜ合わせる。

3 型に流し入れて冷蔵庫で 2 時間ほど冷やし固めたら、スライスしたバナナを飾って出来上がり。

みさえメモ

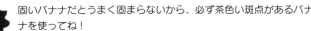
固いバナナだとうまく固まらないから、必ず茶色い斑点があるバナナを使ってね！

シロの 『ワンだふる弁当』

煮コンブ

ハンペン

紅ショウガ

お弁当メモ

輪郭、鼻は型紙に沿って切り抜き、目は型紙と同径のストロー等でくり抜いてね！
シロのふわふわ感を出すのにピッタリのハンペンは、半分の厚さにスライスすると使いやすくなるわよ♪

シロ
ごはんだゾ！

コンビニレシピ編

お総菜もひと工夫で、立派な一品に大変身ッ！

インチキンな酢豚

お総菜のカラアゲが、中華料理に早変わり！
インチキンだけど、ほんかくてきぃ〜★

🫖 材　料

カラアゲ…150g
塩…少々
片栗粉…適量

Ⓐ
タマネギ
（一口大に切る）…1/2 個
ニンジン
（一口大に切る）…1/2 本
ピーマン
（一口大に切る）…1 個

Ⓑ
水…1/2 カップ
ケチャップ…大さじ 2
酢…1/4 カップ
砂糖…大さじ 3
しょうゆ…大さじ 1

あ　ムネにもインチキしてる…

男なら小さいことは気にしないのよ

⏱ 作り方

1. フライパンに薄く油をひいて、Ⓐを炒める。

2. Ⓐを取り出し、Ｂ を入れて温める。

3. ❷にカラアゲ、Ⓐ、塩を入れて温め、水溶き片栗粉でとろみをつけたら器に盛る。

 みさえメモ

カラアゲはスーパーやコンビニで売っているお総菜で OK。
冷凍食品の場合はレンジで温めてから使ってね。

豚サン・ドウ?

買ってきたトンカツとサラダを使って、豚サンドはドウ?
これぞ、おかずバーガーなのだ!

📋 材料

トンカツ（4 等分に切る）…1 枚
サラダ…1 パック
ご飯…2 人分
小麦粉…大さじ 2
ソース…適量
マヨネーズ…適量

⏱ 作り方

1 ご飯と小麦粉を混ぜ合わて 4 等分に丸め、それをつぶして平らにする。フライパンに薄く油をひき、中火でこんがり両面を焼く。

2 トンカツをレンジで温め、ソースを全体にからめる。

3 ①の内側になる面にマヨネーズを塗り、サラダと②を挟んで出来上がり。

みさえメモ

パリパリ感を出すために、ご飯はなるべく薄く伸ばしてね。
子どものお手伝いにもピッタリよ！

カキン玉

お総菜の牡蠣フライがニラ玉風に早変わり。
ボリュームたっぷりおかずでテンション上っがる～ん♪

材料

牡蠣フライ…6 個
ニラ（4〜5cm に切る）…1/2 束
タマゴ（溶いておく）…2 個
長ネギ（白髪ネギにする）…1/2 本
麺つゆ（希釈タイプ）…1/2 カップ
水…1/2 カップ

作り方

1. 鍋に麺つゆ、水、牡蠣フライを入れ、強火にかける。

2. 沸騰したらニラを加える。

3. タマゴをまわしかけたら火を止め、器に盛って白髪ネギをのせる。

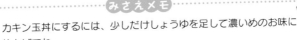

カキン玉丼にするには、少しだけしょうゆを足して濃いめのお味に仕上げてね。

シャケラタン

シャケフレークとマヨネーズの見事なコラボレーション！
のせて焼くだけ、チョー簡単なグラタンだゾ。

材料

冷凍ポテト…200g

A
シャケフレーク…大さじ5
マヨネーズ…大さじ5

作り方

1 耐熱皿に冷凍ポテトを入れ、レンジで温める。

2 **A**を混ぜ合わせ、**1**にのせる。

3 オーブントースターで6〜7分焼き、焼き色がついたら出来上がり。

みさえメモ

野菜不足の時は、冷凍ブロッコリーやコーンを加えてみてね！
サケフレークをツナ缶に代えても Good。

とろりん
クリ～モスープ

これはビックリ！ ポテトサラダを使ったスープだゾ！
クリ～ミィ～な喉ごしを楽しんでね。

材 料

ポテトサラダ…200g
クリームコーン缶…1 カップ
顆粒コンソメ…大さじ 1/2
お湯…1 カップ
牛乳…1/2 カップ
生クリーム…1/4 カップ
塩・こしょう…少々

とろりん
クリ～モ ♪
ぽろりん
オッパイ ♪
オラは
どっちも
だぁい好き ♪

作り方

1. 鍋にお湯を沸かし、コンソメを溶かす。

2. ❶にポテトサラダとコーン缶を加え、よく混ぜながらひと煮立ちさせる。

3. 牛乳を加えて伸ばしたら塩・こしょうで味を調え、生クリームを加えて出来上がり。

 みさえメモ

 コーン缶を加えることで、甘みととろみがアップップー！
サラダを使ったとは思えない美味しさでビックリよ。

カップル♥餃子

春雨カップスープと冷凍餃子のお手軽スープ。
ちゅるちゅる食感が相性バッチュルゥ～ン♥

材　料

春雨カップスープ…2 個
冷凍餃子…8 個
ニンジン（拍子切り）…1/4 本
味つきメンマ…30g
長ネギ（小口切り）…1 本
お湯…2,1/2 カップ
しょうゆ…適量

作り方

1. 鍋にお湯を沸かし、ニンジン、メンマ、凍ったままの冷凍餃子を入れて 2 分煮る。

2. カップスープの具と素を加えて、春雨がやわらかくなるまで煮る。

3. しょうゆで味を調えたら器に盛り、ネギを散らして出来上がり。

 みさえメモ

 カップスープと冷凍餃子を、そのまま使って時間短縮！
味付けの必要もないからラクチンね♪

こんがり
おにババ茶漬け

お夜食にもピッタリの焼きおにぎり茶漬け。
こんがり香ばしくて、 くぅ〜…たまらんち会長〜！

材料

冷凍焼きおにぎり…2個
お茶…適量

Ⓐ
シャケフレーク…大さじ2
海苔（刻む）…適量
白ゴマ…適量

作り方

1 焼きおにぎりを耐熱皿に並べ、ラップをしないでレンジで温める。

2 熱いうちに茶碗に移し、Ⓐをのせる。

3 食べる間際に、お茶をかけて出来上がり。

─ みさえメモ ─

Ⓐのかわりに大葉やミョウガ、梅肉をのせてみて！
大人向けになるから、お酒の締めにもオススメよ。

ギュ牛ゥゥっと
手まり寿司

見た目もかわいい手まり寿司はパーティー料理にピッタリ★
つまみやすいから、パクパク食べられちゃうゾ。

材 料

ご飯…2人分
ローストビーフ…4切れ
スモークサーモン…2切れ
粒マスタード…小さじ2

作り方

1. ご飯2/3量に粒マスタードを混ぜ、4等分に分けて丸く握る。

2. 残りのご飯1/3量には何も混ぜず、2等分に分けて丸く握る。

3. ラップにローストビーフをのせ、❶を置いてラップで優しく包むようにして形を整える。スモークサーモンも❷を使って同様に作り、出来上がり。

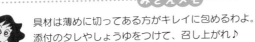 みさえメモ

 具材は薄めに切ってある方がキレイに包めるわよ。
添付のタレやしょうゆをつけて、召し上がれ♪

トリあいドリア

レトルトカレーと冷凍ピラフを重ねて焼くだけで、
取り合い必須のごちそうドリアに大変身。

材　料

冷凍チキンピラフ…2 人分
レトルトカレー…1 袋
ピザ用チーズ…適量

作り方

1. 耐熱皿に冷凍ピラフを入れ、レンジで温める。

2. ピラフをざっとかき混ぜてから、レトルトカレーとチーズをのせ、オーブントースターで 3 〜 4 分焼く。

3. ほんのり焼き色がついたら出来上がり。

 みさえメモ

 ピラフの種類は、チキンじゃなくても大丈夫！
自分好みにアレンジしてみてね。

おケチうどん！

釜飯の素を使った、おケチなけんちんうどんだゾ！
豆腐をプラスするだけで、豪華なおつゆができちゃうよ♪

材 料

冷凍うどん…2 玉
釜飯の素…1 パック（150g）
木綿豆腐（手で崩す）…1/2 丁
麺つゆ（希釈タイプ）…大さじ 1
お湯…3,1/2 カップ
しょうゆ…適量

作り方

1　鍋にお湯を沸かし、釜飯の素、豆腐、麺つゆを入れて煮立てる。

2　アクをとり、しょうゆで味を調える。

3　うどんをゆでたら水気をきって丼に入れ、アツアツの❷をかけて出来上がり。

時間もお金もかけていない、おケチレシピとは思えない美味しさ！
材料を切る手間がないのが嬉しいわね❤

117

ぶりぶりざえもんの
『ごちトン弁当』

p.125参照

ハム

煮コンブ

p.124参照

金時マメ

お弁当メモ

輪郭、鼻、眉毛、目は型紙に沿って切り抜いて！
輪郭部分のハムの大きさが足りない場合は、2枚つなげて
使ってね。鼻部分は、2枚重ねにすると立体感が出て見栄え
が良くなるわよ〜♪

ひま お弁当の
時間だゾ！

キャラ弁型紙

p.44・p.68・p.96・p.118 の型紙ページだゾ！

しんのすけの『オラ弁！』の型紙

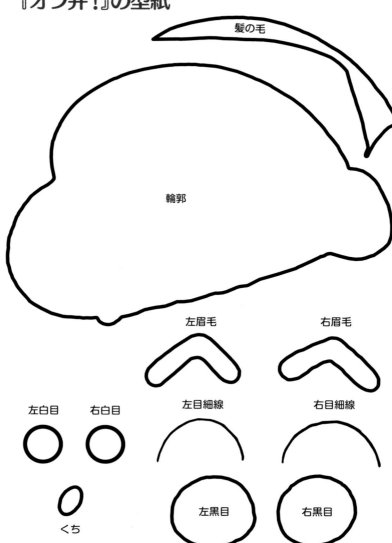

髪の毛

輪郭

左眉毛　　　　　右眉毛

左白目　　右白目　　左目細線　　　　右目細線

左黒目　　　　右黒目

くち

ひまわりの
『伊達なランチBOX』の型紙

輪郭

左目細線

右目細線

左白目

右白目

くち

左黒目

右黒目

シロの
『ワンだふる弁当』の型紙

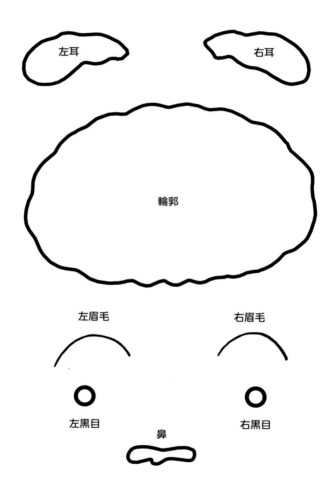

左耳

右耳

輪郭

左眉毛

右眉毛

左黒目

右黒目

鼻

ぶりぶりざえもんの
『ごちトン弁当』の型紙

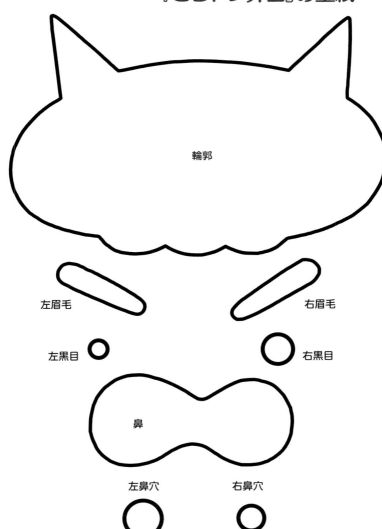

輪郭

左眉毛　　　　　右眉毛

左黒目　　　　　右黒目

鼻

左鼻穴　　　右鼻穴

★お弁当箱の中でキラリと光る★

わくわく飾り切り

チョッキン カニンナー

1. ウインナーを縦半分に切り、絵のように切れ目を入れる。

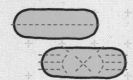

2. フライパンで軽く焼き、黒ゴマで目を作る。

プチサンシャイン

1. プチトマトのヘタがないほうに絵のような6等分の切れ目を浅く入れる。

2. 薄皮の部分だけ包丁でむく。

アツアツ焼きタマゴ♥

1. 適当な大きさに切ったタマゴ焼きを立てて、斜めに切る。

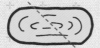

2. 片方を裏返して、包丁で切った面を合わせる。

チューチュー ネズラ

1. ウズラのゆでタマゴに切り込みを軽く入れる。ストローでハムを2枚丸く抜く。

2. 切り込みにハムを入れ、お尻の部分にパスタを刺す。黒ゴマで目を作る。

メリーさんのカリフワワ

1. 加熱したウインナーと塩ゆでしたカリフラワーの端を絵のように切る。

2. 頭と体をパスタでつなげ黒ゴマで目を作る。

はっちゃんウインナー

1. ウインナーを真ん中まで縦半分に切り、両側をそれぞれ4等分にする。

2. フライパンで軽く焼き、黒ゴマで目を作る。ハムをパスタで止めて口にする。

キューリップの葉っぱ

1. 3～4cmに切ったキュウリの真ん中に横から包丁を入れ、上から切る。裏返して、同様に切る。

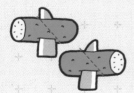

2. 包丁を抜いて、切り離す。

キューリップ

1. ウインナーを半分に切り、深さ5mmほどの切れ目を入れる。切れ目を斜めにカットする。

2. 加熱したら、つまようじ等を刺して葉にとめる。

index